Spagnolo in Viaggio

Guida pratica per viaggiatori

Daria Galek

Sommario

Introduzione

Spagnolo in viaggio è una guida pratica creata appositamente per chi sta pianificando un viaggio in un paese di lingua spagnola o vuole comunicare facilmente durante viaggi all'estero. Il libro contiene vocaboli e frasi utili, indispensabili nelle tipiche situazioni di viaggio. Troverai frasi esemplificative che ti aiuteranno a chiedere indicazioni, ordinare in un ristorante, prenotare un alloggio e molto altro. Il libro include anche consigli pratici su come usare lo spagnolo in diverse situazioni di viaggio, come evitare gli errori più comuni e come acquisire sicurezza nella comunicazione.

Spagnolo in viaggio è un ottimo aiuto per i viaggiatori che vogliono apprendere le basi della lingua spagnola e comunicare con disinvoltura in un ambiente di lingua spagnola durante la loro avventura all'estero. Spero che questo libro ti sia utile e ti permetta di comunicare liberamente durante il tuo viaggio!

Capitolo 1: Frasi e domande fondamentali

Benvenuto al primo capitolo della nostra guida pratica Spagnolo in viaggio! Questo capitolo è dedicato alle frasi e domande fondamentali più importanti, che ti aiuteranno a comunicare in un ambiente di lingua spagnola durante il viaggio.

Imparare queste frasi e domande è essenziale perché permettono di stabilire un primo contatto con gli abitanti locali, i camerieri, le guide o altri viaggiatori. Grazie a queste espressioni, ti sentirai più sicuro in un ambiente sconosciuto e sarà più facile adattarti a una nuova realtà.

In questo capitolo troverai frasi di cortesia di base, come "buongiorno", "per favore", "grazie", "scusa", indispensabili nelle interazioni quotidiane. Imparerai anche come presentarti e chiedere il nome e la provenienza.

Ricorda che comprendere queste semplici espressioni è il primo passo per aprirti a nuove culture e vivere esperienze indimenticabili durante il viaggio. Che tu sia in Spagna, in Messico o in un'altra destinazione di lingua spagnola, conoscere queste frasi ti aiuterà a goderti appieno la tua avventura.

Ti invitiamo a imparare e praticare le frasi e domande di base! Pronto? *¡Vamos!* (*Iniziamo!*)

Forme di cortesia e saluti di benvenuto

Nella lingua spagnola esistono molte forme di cortesia che vengono utilizzate in base al contesto sociale e al grado di familiarità con l'interlocutore. È importante conoscerle per esprimere rispetto e gentilezza in diverse situazioni, sia nelle interazioni con estranei che con persone più vicine.

Imparare queste forme di cortesia e saluti di base ti permetterà di fare una buona prima impressione e di comunicare più facilmente in un nuovo ambiente. Ricorda che la cultura della cortesia è un elemento importante nei paesi di lingua spagnola, quindi è utile prestare attenzione all'uso corretto di queste espressioni.

1. Pronomi di cortesia

Nella lingua spagnola ci sono due principali pronomi di cortesia:

– "usted" – utilizzato per rivolgersi formalmente a una singola persona. Corrisponde all'italiano "lei".

– "ustedes" – utilizzato per rivolgersi formalmente a un gruppo di persone. Corrisponde all'italiano "voi" formale.

Esempi di frasi:

– ¿Cómo está usted? – Come sta (lei)?

– ¿Qué desean ustedes? – Cosa desiderano (voi)?

2. Saluti

Nella lingua spagnola, come in molte altre lingue, il saluto è un elemento essenziale della comunicazione sociale. Salutando cortesemente, si stabilisce il primo contatto con l'interlocutore e si dimostra rispetto e cordialità. Nei paesi ispanofoni, ci sono diverse espressioni che si usano a seconda del momento della giornata e del contesto sociale.

I saluti più comuni sono:

– Hola – Ciao / Salve (saluto informale)

– Buenos días – Buongiorno (saluto del mattino)

– Buenas tardes – Buonasera (saluto del pomeriggio)

– Buenas noches – Buonanotte / Buonasera (saluto della sera o prima di andare a letto)

In aggiunta ai saluti, puoi usare una delle seguenti espressioni:

– ¿Qué tal? – Come va? / Come stai?

– ¿Cómo estás? – Come stai?

– ¿Cómo te va? – Come va?

– ¿Cómo andas? – Come va?

– ¿Qué pasa? – Cosa succede? / Come va?

– ¿Cómo has estado? – Come stai? (più formale)

– ¿Cómo le va? – Come sta (lei)? (modo formale per rivolgersi a una persona anziana o a un estraneo)

3. Presentarsi

L'uso di forme di cortesia appropriate durante la presentazione in spagnolo è importante, soprattutto in situazioni formali, incontri di lavoro o con persone anziane o autorità. Usare le corrette espressioni e pronomi durante la presentazione aiuta a mostrare rispetto e cortesia verso l'altra persona.

Ecco alcuni esempi di come ci si può presentare in spagnolo mantenendo forme di cortesia:

– Me llamo Ana. ¿Y usted? – Mi chiamo Ana. E lei?

Questa forma di cortesia, "usted", è utilizzata verso persone più anziane, autorità, clienti o sconosciuti, come segno di rispetto e cortesia.

– Soy el señor López. Mucho gusto. – Sono il signor López. Piacere.

In questo caso, si usa la forma "el señor" o "la señora" (signor/ signora) prima del cognome, che è un modo più formale di presentarsi.

Ricorda che durante la presentazione in spagnolo, è possibile scegliere il pronome "tú" (tu) o "usted" (lei) a seconda del contesto e della situazione. In contesti meno formali e amichevoli, possiamo usare "tú", mentre in contesti più formali o con sconosciuti, è meglio utilizzare "usted".

Durante la presentazione, fai attenzione anche alle espressioni di cortesia come:

– Mucho gusto – Piacere

– Encantado/a – Piacere di conoscerti

– Agradable conocerle – Piacere di conoscerla

Introdurre queste espressioni durante la conversazione aiuta a creare una buona impressione e a mostrare rispetto verso l'altra persona.

4. Rivolgersi agli altri

L'uso corretto dei pronomi di cortesia è essenziale durante le conversazioni in spagnolo. Usare i pronomi appropriati permette di esprimere rispetto, cortesia e tatto nei confronti degli altri.

Ecco alcuni esempi di come possiamo usare i pronomi di cortesia in diverse situazioni:

– ¿Puedo ayudarle en algo, señor? – Posso aiutarla in qualcosa, signore?

– ¿Tienen ustedes alguna pregunta? – Avete delle domande? (formale)

– Perdone, ¿tiene usted un momento? – Mi scusi, ha un momento?

– ¿Cómo se encuentra, señor Martínez? – Come si sente, signor Martínez?

5. Concludere una conversazione

Alla fine di una conversazione, si utilizzano espressioni di cortesia per ringraziare o salutare. Usare i saluti giusti può lasciare una buona impressione sugli interlocutori.

Ecco alcune espressioni semplici che ti aiuteranno a concludere la conversazione in modo cortese:

– ¡Gracias! – Grazie!

– Que tenga un buen día. – Le auguro una buona giornata.

– Adiós. – Arrivederci.

– Hasta la próxima. – Alla prossima.

– Muchas gracias por su ayuda. – Grazie mille per il suo aiuto.

– Hasta luego. – A dopo.

– Cuídate. – Stammi bene.

– Nos vemos mañana. – Ci vediamo domani.

– ¡Buen viaje! – Buon viaggio!

– Hasta pronto. – A presto.

Domande su nome, provenienza e scopo del viaggio

Durante un viaggio in paesi di lingua spagnola, spesso vorrai stabilire un contatto con la gente del posto. Le domande riguardanti il nome, la provenienza e lo scopo del viaggio sono elementi di base in qualsiasi conversazione. Ora imparerai come fare queste domande in modo cortese e come rispondere a esse.

1. Domande sul nome

Per chiedere a qualcuno il suo nome, puoi usare le seguenti espressioni:

– ¿Cómo te llamas? – Come ti chiami?

– ¿Cómo se llama usted? – Come si chiama lei?

– ¿Cuál es il tuo nome? – Qual è il tuo nome?

Risposte a queste domande:

– Me llamo María. – Mi chiamo Maria.

– Soy Carlos. – Sono Carlo.

– Mi nombre es Ana. – Il mio nome è Ana.

2. Domande sulla provenienza

Se vuoi sapere da dove proviene qualcuno, puoi porre queste domande:

– ¿De dónde eres? – Da dove vieni?

– ¿De dónde es usted? – Da dove viene lei?

– ¿De qué país eres? – Di quale paese sei?

– ¿De dónde vienes? – Da dove vieni?

– ¿Cuál es tu nacionalidad? – Qual è la tua nazionalità?

– ¿En qué ciudad naciste? – In quale città sei nato/a?

– ¿Dónde creciste? – Dove sei cresciuto/a?

Possibili risposte:

– Soy de Italia. – Sono dell'Italia.

– Soy de Roma. – Sono di Roma.

– Vengo de Milán. – Vengo da Milano.

– Mi nacionalidad es italiana. – La mia nazionalità è italiana.

– Nací en Florencia. – Sono nato/a a Firenze.

– Crecí en Nápoles. – Sono cresciuto/a a Napoli.

3. Domande sullo scopo del viaggio

Durante una conversazione con altri viaggiatori o con persone del luogo, puoi chiedere quale sia lo scopo del loro viaggio.

Ecco alcuni esempi di domande:

– ¿Cuál es el propósito de tu viaje? – Qual è lo scopo del tuo viaggio? (informale)

– ¿Cuál es el propósito de su viaje? – Qual è lo scopo del suo viaggio? (formale)

– ¿Para qué estás aquí? – Perché sei qui?

– ¿A qué has venido? – Perché sei venuto/a qui?

Possibili risposte:

– Voy de vacaciones. – Sono in vacanza.

– Estoy aquí por negocios. – Sono qui per affari.

– Vengo a conocer la cultura local. – Sono qui per conoscere la cultura locale.

– Estoy de paso hacia otro destino. – Sono di passaggio verso un'altra destinazione.

– Vamos a visitar a nuestros familiares. – Andiamo a trovare i nostri parenti.

Ricorda che durante la formulazione di queste domande è importante mantenere cortesia e rispetto. Usa i pronomi di cortesia adeguati e le parole gentili per esprimere la tua cortesia nella conversazione. Con queste semplici espressioni, potrai facilmente stabilire contatti con altre persone durante il viaggio e scoprire di più su di loro.

Suggerimenti sulla pronuncia e sull'accento

Una corretta pronuncia è un elemento chiave per una comunicazione efficace in spagnolo. Tuttavia, per chi sta imparando la lingua, può essere una sfida poiché alcuni suoni e accenti possono differire da quelli presenti nella propria lingua madre. Vale quindi la pena comprendere le regole di base della pronuncia in spagnolo per affrontare meglio lo studio.

1. Fai attenzione alla pronuncia delle lettere

La pronuncia delle lettere è un elemento chiave nell'apprendimento dello spagnolo. Nella maggior parte dei casi, le lettere si pronunciano in modo univoco, il che facilita l'apprendimento e la comunicazione. Tuttavia, è importante prestare attenzione ad alcuni suoni specifici che possono risultare difficili.

Il suono della "r" e della doppia "rr" sono due suoni che spesso costituiscono una sfida per chi impara lo spagnolo. La "r" è pronunciata in modo un po' più duro e accentuato rispetto all'italiano. La doppia "rr", invece, è il cosiddetto suono "vibrante", che si ottiene facendo vibrare la lingua contro il palato. Per padroneggiare questi suoni, è utile esercitarsi davanti allo specchio, concentrandosi su un'articolazione precisa.

Altre lettere che possono creare difficoltà sono la "b" e la "v", poiché hanno una pronuncia simile. Entrambi i suoni vengono prodotti con le labbra, ma la "b" è più esplosiva, mentre la "v" è più morbida e continua. Vale la pena imparare a distinguere queste due lettere per evitare fraintendimenti durante la comunicazione.

Gli esercizi di pronuncia sono fondamentali nell'apprendimento dello spagnolo. Puoi usare diversi materiali, come registrazioni, film o audiolibri, per esercitarti nella pronuncia corretta di parole e frasi. Con la pratica regolare, la tua pronuncia diventerà sempre più fluente e naturale.

Ricorda che una corretta pronuncia è essenziale per la comprensione e per una comunicazione efficace. Man mano che progredisci nello studio dello spagnolo, cerca di parlare con madrelingua per acquisire sicurezza e affinare le tue abilità. Sii paziente e non scoraggiarti di fronte alle difficoltà: con il tempo la tua pronuncia migliorerà e lo studio dello spagnolo sarà più gratificante.

2. Accento tonico

L'accento tonico svolge un ruolo fondamentale nello spagnolo, poiché consente di distinguere il significato delle parole e contribuisce alla fluidità e alla melodia del discorso. In ogni parola, solo una sillaba è accentata, mentre le altre vengono pronunciate con un minore volume. Per accentare correttamente le parole e mantenere la fluidità nel discorso, è utile conoscere alcune regole sull'accento tonico.

In spagnolo esistono delle regole precise per l'accentazione che possono essere applicate alla maggior parte delle parole. Nella maggior parte dei casi, l'accento tonico cade sulla penultima sillaba se la parola termina per vocale, "n" o "s". Al contrario, se la parola termina per consonante diversa da "n" o "s", l'accento cade sull'ultima sillaba.

Esempi:

– Árbol (Albero) – l'accento cade sulla prima sillaba "Ár"

– Cárcel (Carcere) – l'accento cade sulla prima sillaba "Cár"

– Estudiante (Studente/Studentessa) – l'accento cade sulla penultima sillaba "Es– tu– dian– te"

Nel caso delle parole monosillabiche, l'accento tonico è generalmente determinato dal contesto della frase. Alcune di queste parole possono essere accentate per sottolineare il significato della frase.

Esempi:

– No (no) – accentato per esprimere un forte rifiuto: "¡No lo hagas!" (Non farlo!)

– Sí (sì) – accentato per confermare qualcosa: "Sí, entiendo" (Sì, capisco)

Come in ogni lingua, esistono delle eccezioni alle regole di accentazione, che è bene memorizzare. Talvolta l'accento può variare in base alla forma grammaticale della parola.

Gli esercizi di ascolto e ripetizione di parole con accenti tonici diversi ti aiuteranno a padroneggiare una corretta pronuncia e accentazione in spagnolo. Ascolta video, podcast, leggi ad alta voce e partecipa a conversazioni con madrelingua per acquisire sicurezza e fluidità nella comunicazione.

3. Ascolta e ripeti

Perfezionare la pronuncia in spagnolo è essenziale per una comunicazione efficace. Per migliorare la tua pronuncia, ascolta attentamente registrazioni da diverse fonti, concentrandoti su accento e intonazione. Ripeti le parole e le frasi spagnole cercando di imitare i suoni e la melodia. La pratica regolare porterà a risultati visibili e renderà la tua comunicazione più fluente e sicura. Pazienza e perseveranza sono fondamentali per migliorare la tua pronuncia spagnola.

4. Esercitati a parlare ad alta voce

Parlare ad alta voce è un elemento fondamentale per migliorare la pronuncia in spagnolo. Gli esercizi regolari ti permetteranno di sviluppare fluidità e sicurezza nella comunicazione. Concentrati sulla pronuncia di diverse parole, frasi e dialoghi per esercitare i vari suoni e la melodia della lingua. Da solo o con un partner linguistico, esercitati a pronunciare chiaramente e distintamente. Puoi utilizzare materiali didattici, audiolibri, film o programmi televisivi in spagnolo. Ascolta e imita l'accento e l'intonazione dei madrelingua, cercando di fondersi con il ritmo naturale della lingua.

5. Impara la fonetica

Comprendere la fonetica spagnola ti permetterà anche di riconoscere le differenze di pronuncia tra parole che possono sembrare simili. È utile familiarizzare con registrazioni di madrelingua per affinare le tue abilità fonetiche. Esercitati anche ad accentare le giuste sillabe delle parole, dato che l'accento tonico è importante nello spagnolo. Ricorda che esercizi regolari e impegno nello studio della fonetica porteranno notevoli risultati nel migliorare la tua pronuncia e la tua fluidità linguistica.

6. Usa i materiali disponibili

Utilizzare una varietà di materiali didattici è fondamentale per perfezionare la pronuncia e l'accento in spagnolo. Puoi usare libri di testo che includono esercizi di pronuncia e registrazioni audio per familiarizzare con la corretta pronuncia delle parole. Le app mobili con funzioni di registrazione ti permetteranno di monitorare i tuoi progressi e valutarti mentre pratichi il parlato ad alta voce. Inoltre, ascoltare contenuti in spagnolo, come film, podcast o canzoni, ti aiuterà a abituare l'orecchio ai diversi accenti e intonazioni. È utile anche sfruttare le risorse educative online, dove puoi trovare registrazioni di madrelingua che ti aiuteranno a imitare il suono autentico.

7. Pratica con un partner

Praticare con un partner è un'ottima opportunità per migliorare la pronuncia e l'accento in spagnolo. Gli esercizi comuni ti permetteranno di supportarvi a vicenda e correggere eventuali errori. Gli esercizi di dialogo, il role-playing e il porvi domande a vicenda vi permetteranno di praticare attivamente la lingua in situazioni di comunicazione reale. Le conversazioni in spagnolo ti permetteranno di abituare l'orecchio al suono autentico della lingua e di adattare il tuo accento. Vale anche la pena organizzare scambi linguistici con madrelingua spagnoli, che ti offriranno preziose esperienze e conoscenze sulla cultura e sulle abitudini dei paesi di lingua spagnola. Praticare con un partner ti permetterà di acquisire fiducia nel parlato e di sviluppare competenze comunicative in diverse situazioni. Ricorda che regolarità e impegno sono essenziali per migliorare efficacemente la pronuncia e l'accento.

Capitolo 2: In hotel e in aeroporto

Durante un viaggio in un paese di lingua spagnola, prenotare una camera in hotel e fare il check-in sono passaggi fondamentali per garantire un soggiorno confortevole. Per facilitarti queste operazioni, è utile conoscere alcune espressioni e frasi che ti permetteranno di comunicare facilmente con il personale dell'hotel. Grazie a queste, sarai in grado di prenotare una stanza, comprendere le informazioni sulla disponibilità delle camere e dei servizi, e fare il check-in senza problemi, risparmiando tempo ed evitando possibili malintesi. In questo capitolo troverai esempi di frasi ed espressioni utili in queste specifiche situazioni, che ti permetteranno di goderti un soggiorno senza intoppi in un hotel di lingua spagnola. *¡Disfruta de tu estancia! (Goditi il tuo soggiorno!)*

Prenotazione della camera e check-in in hotel

1. Prenotazione della camera

– ¿Tiene habitaciones disponibles? – Avete camere disponibili?

– ¿Hay habitaciones para hoy? – Ci sono camere per oggi?

– Quisiera reservar una habitación individual / doble. – Vorrei prenotare una camera singola / doppia.

– ¿Cuál es el precio por noche? – Qual è il prezzo per notte?

– ¿El desayuno está incluido en el precio? – La colazione è inclusa nel prezzo?

– ¿A qué hora es el check–in y el check–out? – A che ora sono il check-in e il check-out?

– ¿Tienen habitaciones con vista al mar? – Avete camere con vista sul mare?

– Queremos una habitación con aire acondicionado. – Vogliamo una camera con aria condizionata.

– ¿Cuánto cuesta la habitación por una semana? – Quanto costa la camera per una settimana?

– ¿Aceptan tarjetas de crédito? – Accettate carte di credito?

– ¿Hay wifi en las habitaciones? – C'è il wifi nelle camere?

2. Check-in in hotel

– Tengo una reserva a nombre de [il tuo nome]. – Ho una prenotazione a nome di [il tuo nome].

– Aquí tiene mi pasaporte / documento de identidad. – Ecco il mio passaporto / documento d'identità.

– ¿Dónde está mi habitación? – Dov'è la mia camera?

– ¿Cómo puedo llegar al ascensor / escaleras? – Come faccio ad arrivare all'ascensore / alle scale?

– ¿Dónde está el ascensor? – Dov'è l'ascensore?

– ¿A qué hora sirven el desayuno? – A che ora viene servita la colazione?

– No me gusta este cuarto, ¿puedo ver otro? – Non mi piace questa stanza, posso vederne un'altra?

3. Informazioni aggiuntive

Durante un viaggio in un paese di lingua spagnola, prenotare una camera in hotel e fare il check-in può richiedere attenzione e una buona conoscenza delle espressioni giuste. Prima di partire, è consigliabile informarsi sulle varie opzioni di alloggio e prenotare in anticipo per evitare problemi di disponibilità.

Al momento del check-in, ricorda che spesso viene richiesto di presentare un documento d'identità. Inoltre, in alcuni paesi di lingua spagnola potrebbe essere applicata una "tasa de turismo" (tassa di soggiorno) da pagare al momento del check-in.

Un dialogo cordiale e gentile con il personale dell'hotel renderà il tuo soggiorno più piacevole. Imparare alcune frasi di base ti aiuterà a chiedere informazioni o assistenza, permettendoti di usufruire dei servizi dell'hotel con facilità e di goderti un soggiorno sereno.

Ricorda che imparare lo spagnolo è un processo che richiede pazienza e pratica regolare. È utile utilizzare diversi materiali didattici, applicazioni e conversare con madrelingua per migliorare le tue competenze linguistiche.

Domande sulla disponibilità e sui servizi in hotel

Durante il soggiorno in hotel, potresti avere diverse esigenze e domande riguardanti la disponibilità dei vari servizi.

Ecco alcune espressioni utili che ti aiuteranno a informarti facilmente sui servizi offerti dall'hotel:

- ¿Hay acceso a Internet Wi–Fi en las habitaciones? – C'è accesso a Internet Wi–Fi nelle camere?

- ¿Tienen servicio de lavandería? – Offrite un servizio di lavanderia?

- ¿A qué hora se sirve el desayuno / almuerzo / cena? – A che ora vengono serviti la colazione / il pranzo / la cena?

- ¿Tienen servicio de habitaciones? – Offrite un servizio in camera?

- ¿Cuál es el horario de la piscina / gimnasio / spa? – Qual è l'orario della piscina / della palestra / della spa?

- ¿Ofrecen servicio de transporte al aeropuerto? – Offrite un servizio di trasporto per l'aeroporto?

- ¿Hay aparcamiento disponible? – C'è un parcheggio disponibile?

- ¿Tienen habitaciones para no fumadores? – Avete camere per non fumatori?

– ¿Cuáles son las atracciones turísticas cercanas? – Quali sono le attrazioni turistiche vicine?

– ¿Dónde puedo encontrar información turística? – Dove posso trovare informazioni turistiche?

– ¿Cuál es la contraseña del wifi? – Qual è la password del wifi?

Non esitare a fare domande su tutti i servizi di cui hai bisogno. Il personale dell'hotel è lì per aiutarti e rendere il tuo soggiorno il più confortevole possibile. Ricorda che una comunicazione cortese e gentile con il personale dell'hotel porta sempre a risultati positivi.

Servizio in aeroporto e frasi relative ai viaggi

Viaggiare in aeroporto e utilizzare i servizi aerei può essere a volte stressante, ma con una buona conoscenza dello spagnolo puoi affrontare più facilmente eventuali domande e situazioni.

Ecco alcune espressioni utili che ti aiuteranno durante il viaggio.

1. In aeroporto

– ¿Dónde está la sala de embarque? – Dove si trova il gate?

– ¿Dónde puedo facturar mi equipaje? – Dove posso fare il check-in del mio bagaglio?

– ¿Cuál es el número de vuelo? – Qual è il numero del volo?

– ¿A qué hora sale / llega mi vuelo? – A che ora parte / arriva il mio volo?

– ¿Hay retraso en el vuelo? – C'è un ritardo sul volo?

– ¿Dónde está la puerta de salida? – Dove si trova l'uscita?

– ¿Cuál es la puerta de salida para el vuelo a Madrid? – Qual è il gate per il volo per Madrid?

2. Durante i controlli di sicurezza

– ¿Necesito mostrar mi pasaporte? – Devo mostrare il mio passaporto?

– ¿Dónde puedo poner mis pertenencias? – Dove posso mettere le mie cose?

– ¿Necesito quitarme los zapatos? – Devo togliere le scarpe?

– ¿Puedo llevar esta botella de agua? – Posso portare questa bottiglia d'acqua?

– ¿Tengo que sacar mi computadora de la mochila? – Devo togliere il computer dallo zaino?

– ¿Cuánto tiempo llevará el proceso de seguridad? – Quanto tempo ci vorrà per il controllo di sicurezza?

– ¿Dónde puedo recoger mis pertenencias después del control de seguridad? – Dove posso ritirare i miei oggetti dopo il controllo di sicurezza?

3. A bordo dell'aereo

– ¿Puedo tener una manta / almohada? – Posso avere una coperta / un cuscino?

– ¿Hay opciones vegetarianas en el menú? – Ci sono opzioni vegetariane nel menu?

– ¿Cuándo servirán la comida? – Quando verranno serviti i pasti?

– ¿Cuánto durará el vuelo? – Quanto durerà il volo?

– ¿A qué hora llegaremos a nuestro destino? – A che ora arriveremo alla nostra destinazione?

– ¿Dónde están los baños? – Dove sono i bagni?

– ¿Puedo tener otra bebida? – Posso avere un'altra bevanda?

4. All'arrivo

– ¿Dónde puedo recoger mi equipaje? – Dove posso ritirare il mio bagaglio?

– ¿Hay transporte público desde el aeropuerto? – C'è un trasporto pubblico dall'aeroporto?

– ¿Dónde puedo encontrar un taxi? – Dove posso trovare un taxi?

– ¿A qué hora cierra la oficina de alquiler de coches? – A che ora chiude l'ufficio di noleggio auto?

– ¿Cuánto tiempo lleva llegar al centro de la ciudad desde aquí? – Quanto tempo ci vuole per arrivare al centro città da qui?

– ¿Puedo dejar mi equipaje en una consigna? – Posso lasciare il mio bagaglio in una consigna?

– ¿Dónde está la oficina de información turística? – Dove si trova l'ufficio di informazione turistica?

– ¿Cómo llego a la estación de tren desde aquí? – Come arrivo alla stazione ferroviaria da qui?

Ricorda che non c'è niente di male nel fare domande e chiedere aiuto. Il personale dell'aeroporto è lì per aiutarti e garantire che il tuo viaggio sia il più confortevole possibile. Praticare queste frasi ti aiuterà a sentirti più sicuro e a tuo agio durante i viaggi nei paesi di lingua spagnola.

Capitolo 3: Comunicazione e trasporti

In questo capitolo ci concentreremo sulle competenze chiave che ti aiuteranno a viaggiare liberamente in un paese di lingua spagnola. Imparerai a trovare i mezzi di trasporto appropriati, acquistare biglietti e fare domande riguardo agli orari. Scoprirai anche come comunicare con i tassisti, i controllori degli autobus e dei treni, e acquisirai suggerimenti pratici per viaggiare con i mezzi pubblici. *¡Buena suerte en tu viaje! (Buona fortuna per il tuo viaggio!)*

Servizio in aeroporto e frasi relative ai viaggi

Durante il viaggio in un paese di lingua spagnola, è importante sapere come chiedere informazioni sui vari mezzi di trasporto, come autobus, taxi e treni, e come ottenere informazioni sugli orari e le rotte. Conoscere le frasi giuste ti permetterà di viaggiare senza problemi e di goderti il tuo soggiorno in un paese di lingua spagnola.

1. Domande sugli autobus

– ¿Dónde puedo tomar el autobús a [luogo di destinazione]? – Dove posso prendere l'autobus per [luogo di destinazione]?

– ¿Cuándo sale el próximo autobús? – Quando parte il prossimo autobus?

– ¿El autobús llega al centro de la ciudad? – L'autobus arriva al centro della città?

– ¿Cuántas paradas hay hasta [luogo di destinazione]? – Quante fermate ci sono fino a [luogo di destinazione]?

– ¿Cuál es la siguiente parada? – Qual è la prossima fermata?

– ¿Me puede indicar dónde bajar para ir al museo? – Può indicarmi dove scendere per andare al museo?

– ¿Tengo que hacer alguna escala o cambio de autobús? – Devo fare un cambio o una coincidenza con un altro autobus?

– ¿Cuánto tiempo tengo para hacer la conexión? – Quanto tempo ho per fare il cambio?

– ¿Este autobús va a [luogo di destinazione]? – Questo autobus va a [luogo di destinazione]?

2. Domande sui treni

– ¿Dónde está la estación de tren? – Dove si trova la stazione ferroviaria?

– ¿A qué hora sale el próximo tren a [luogo di destinazione]? – A che ora parte il prossimo treno per [luogo di destinazione]?

– ¿Dónde puedo encontrar el horario de los trenes? – Dove posso trovare l'orario dei treni?

– ¿Cuánto tiempo lleva llegar a [luogo di destinazione] en tren? – Quanto tempo ci vuole per arrivare a [luogo di destinazione] in treno?

– ¿Puedo abrir la ventana? – Posso aprire il finestrino?

– Perdón, ¿esta es la vía para el tren a [luogo di destinazione]? – Scusi, questa è la banchina per il treno per [luogo di destinazione]?

– ¿Se permite fumar en el tren? – È permesso fumare sul treno?

– ¿Hay wifi en el tren? – C'è il Wi-Fi sul treno?

3. Domande sulla metropolitana

– ¿Dónde está la estación de metro más cercana? – Dove si trova la stazione della metropolitana più vicina?

– ¿Cuál es la línea que va a [luogo di destinazione]? – Qual è la linea che va a [luogo di destinazione]?

– ¿El metro llega al aeropuerto? – La metropolitana arriva all'aeroporto?

– ¿Hay conexión de metro directa a [luogo di destinación]? – C'è una connessione diretta in metropolitana per [luogo di destinazione]?

– ¿El metro funciona las 24 horas? – La metropolitana è attiva 24 ore su 24?

– ¿Podrías indicarme cuál es la salida más cercana a [luogo di destinación]? – Potresti indicarmi l'uscita più vicina a [luogo di destinazione]?

– ¿Cuántas veces al día pasa el metro? – Quante volte al giorno passa la metropolitana?

– ¿Cuál es el último metro de regreso? – Qual è l'ultima metropolitana di ritorno?

4. Domande sui taxi

– ¿Dónde puedo encontrar un taxi? – Dove posso trovare un taxi?

– ¿Cuál es el número de teléfono para pedir un taxi? – Qual è il numero di telefono per chiamare un taxi?

– ¿Cuánto cuesta un viaje en taxi a [luogo di destinazione]? – Quanto costa un viaggio in taxi per [luogo di destinazione]?

– ¿Puede llevarme a [luogo di destinazione]? – Può portarmi a [luogo di destinazione]?

– Necesito ir a [luogo di destinazione]. – Ho bisogno di andare a [luogo di destinazione].

– ¿Conoce la ruta más rápida? – Conosce il percorso più veloce?

– Perdone, tengo prisa. ¿Puede ir más rápido? – Scusi, ho fretta. Può andare più veloce?

Ricorda che è sempre utile consultare i residenti locali o il personale delle stazioni e delle fermate, che saranno felici di aiutarti a trovare il mezzo di trasporto giusto e rispondere alle tue domande. È anche consigliabile ottenere informazioni sugli orari e le rotte disponibili per viaggiare in modo efficiente e confortevole durante la tua avventura all'estero.

Acquisto dei biglietti

Durante il viaggio in un paese di lingua spagnola, è importante sapere come acquistare i biglietti per i mezzi di trasporto.

Ecco alcune frasi utili che ti aiuteranno in queste situazioni:

– Quisiera un billete de ida y vuelta a [luogo di destinazione]. – Vorrei un biglietto di andata e ritorno per [luogo di destinazione].

– Un billete de ida a [luogo di destinación], por favor. – Un biglietto di sola andata per [luogo di destinazione], per favore.

– ¿Cuánto cuesta un billete a [luogo di destinazione]? – Quanto costa un biglietto per [luogo di destinazione]?

– ¿Hay descuentos para estudiantes/personas mayores/niños? – Ci sono sconti per studenti/seniori/bambini?

– ¿Este billete incluye todos los tramos del viaje? – Questo biglietto include tutti i tratti del viaggio?

– ¿Hay algún descuento si compro el billete con antelación? – C'è uno sconto se acquisto il biglietto in anticipo?

– ¿Dónde está la taquilla para comprar los billetes? – Dove si trova la biglietteria?

– ¿Puedo comprar los billetes en línea? – Posso acquistare i biglietti online?

– ¿Aceptan tarjetas de crédito en la taquilla? – Accettano carte di credito alla biglietteria?

– ¿Los billetes son válidos por un día/una semana/una hora? – I biglietti sono validi per un giorno/una settimana/un'ora?

– ¿Puedo reservar los billetes por teléfono? – Posso prenotare i biglietti per telefono?

Ricorda che, durante l'acquisto dei biglietti, è sempre utile confermare il tuo itinerario e assicurarti di avere il biglietto giusto per il mezzo di trasporto scelto. Chiedi anche eventuali sconti che potrebbero essere disponibili per diverse categorie di passeggeri.

Capitolo 4: Al ristorante e al caffè

Durante un viaggio in un paese di lingua spagnola, uno dei momenti più piacevoli è degustare la cucina locale. I ristoranti e i caffè fanno parte integrante della cultura spagnola, dove è possibile assaporare piatti unici e gustare un caffè aromatico. In questo capitolo, impareremo alcune frasi utili che ti aiuteranno a ordinare cibo, fare domande sul menu e chiedere il conto e il servizio. Inoltre, scoprirai come informarti sui piatti locali e trarre vantaggio dai consigli del cameriere per rendere la tua esperienza culinaria davvero speciale. *¡Buen provecho!* (*Buon appetito!*)

Fare un ordine e chiedere del menu

Quando ti trovi in un paese di lingua spagnola e vuoi mangiare in un ristorante, è importante conoscere alcune frasi di base relative all'ordinazione e alle domande sul menu.

Ecco alcune espressioni utili che ti aiuteranno nelle tue avventure gastronomiche:

– ¿Tiene menú del día? – Avete il menù del giorno?

– ¿Cuál es la especialidad de la casa? – Qual è la specialità della casa?

– ¿Qué platos vegetarianos tienen? – Quali piatti vegetariani avete?

– Para mí, [nome del piatto]. – Per me, [nome del piatto].

– Quisiera [nombre del plato], por favor. – Vorrei [nome del piatto], per favore.

– De primer plato, tomaré la sopa. Y de segundo plato, el pescado. – Come primo prenderò la zuppa. E come secondo, il pesce.

– ¿Me puede traer la carta de vinos, por favor? – Mi può portare la carta dei vini, per favore?

– Sin cebolla, por favor. – Senza cipolla, per favore.

– Con papas fritas en lugar de ensalada. – Con patatine fritte al posto dell'insalata.

– ¿Puede poner la salsa aparte? – Può mettere la salsa a parte?

– Eso es todo, gracias. – È tutto, grazie.

– Nada más, gracias. – Nient'altro, grazie.

Richiedere il conto e il servizio

Quando hai finito di mangiare al ristorante, è il momento di chiedere il conto e terminare la tua visita.

Ecco alcune frasi utili per richiedere il conto e parlare del servizio:

– La cuenta, por favor. – Il conto, per favore.

– ¿Nos trae la cuenta, por favor? – Ci può portare il conto, per favore?

– Queremos pagar, por favor. – Vogliamo pagare, per favore.

– ¿Aceptan tarjetas de crédito? – Accettate carte di credito?

– ¿Se puede pagar en efectivo? – Si può pagare in contanti?

– ¿Tienen terminal para pagos con tarjeta? – Avete un terminale per pagare con carta?

– Gracias por el servicio. – Grazie per il servizio.

– El servicio fue excelente. – Il servizio è stato eccellente.

– ¿Nos puede traer una botella de agua, por favor? – Ci può portare una bottiglia d'acqua, per favore?

– Creo que hay un error en el rachunek. – Penso che ci sia un errore nel conto.

– Disculpe, no pedimos esto. – Scusi, non abbiamo ordinato questo.

– Falta un plato en el rachunek. – Manca un piatto nel conto.

– ¡Gracias y hasta luego! – Grazie e a presto!

– ¡Ha sido una comida deliciosa! – È stato un pasto delizioso!

– ¡Esperamos volver pronto! – Speriamo di tornare presto!

Capitolo 5: Visitare la città

Durante un viaggio in un paese di lingua spagnola, visitare la città rappresenta un'occasione unica per scoprire la ricca storia, cultura e attrazioni che il luogo offre. In questo capitolo ci concentreremo sull'esplorazione di luoghi affascinanti, ponendo le giuste domande sulle principali attrazioni turistiche per sfruttare al meglio il nostro viaggio. Inoltre, scopriremo come utilizzare mappe e strumenti di navigazione per muoverci facilmente in città, evitando di perderci. Non dimenticheremo nemmeno gli aspetti pratici, come trovare i servizi igienici o altre strutture pubbliche, garantendoci così comfort durante la visita. Partiamo dunque alla scoperta degli angoli più belli delle città di lingua spagnola. *¡Vamonos!* (*Andiamo!*)

Domande sui luoghi principali da visitare

Durante il viaggio, non sono importanti solo i sapori, ma anche scoprire la cultura e la bellezza del luogo.

Ecco alcune domande utili che ti aiuteranno a conoscere le principali attrazioni turistiche da visitare:

1. Domande generali sulle attrazioni turistiche

– ¿Cuáles son los lugares más visitados de la ciudad? – Quali sono i luoghi più visitati della città?

– ¿Qué sitios turísticos recomienda visitar aquí? – Quali luoghi turistici consiglia di visitare qui?

– ¿Dónde están los principales puntos de interés? – Dove si trovano i principali punti di interesse?

2. Domande su monumenti e musei

– ¿Hay algún castillo o monumento histórico que no deba perderme? – C'è un castello o un monumento storico che non devo assolutamente perdere?

– ¿Cuál es el museo más interesante de la ciudad? – Qual è il museo più interessante della città?

– ¿Cuáles son los sitios históricos más importantes de la región? – Quali sono i luoghi storici più importanti della regione?

3. Domande su natura e paesaggi

– ¿Dónde puedo disfrutar de las vistas panorámicas más impresionantes? – Dove posso godermi le viste panoramiche più spettacolari?

– ¿Cuáles son los parques naturales más bonitos de la zona? – Quali sono i parchi naturali più belli della zona?

– ¿Hay alguna playa o montaña cercana que valga la pena visitar? – C'è una spiaggia o una montagna vicina che valga la pena visitare?

4. Domande su eventi culturali e festival

– ¿Hay algún evento especial o festival que se celebre durante mi estancia? – C'è qualche evento speciale o festival che si svolge durante il mio soggiorno?

– ¿Cuándo y dónde puedo disfrutar de espectáculos folklóricos o conciertos locales? – Quando e dove posso assistere a spettacoli folcloristici o concerti locali?

5. Domande su luoghi per rilassarsi e divertirsi

– ¿Cuáles son los mejores lugares para salir por la noche? – Quali sono i migliori posti dove uscire la sera?

– ¿Dónde puedo encontrar los restaurantes más auténticos con comida local? – Dove posso trovare i ristoranti più autentici con cucina locale?

– ¿Hay algún centro comercial o mercado donde pueda comprar recuerdos y souvenir? – C'è un centro commerciale o un mercato dove posso comprare ricordi e souvenir?

Ricorda che facendo domande sui luoghi da visitare, potresti ottenere preziosi consigli dalla gente del posto, che conosce i migliori tesori nascosti della loro regione. Divertiti a scoprire nuovi luoghi e culture!

Consigli per usare mappe e navigazione

Viaggiare in un paese straniero può essere molto emozionante, ma anche una sfida, se non conosciamo bene l'area.

Ecco alcuni consigli utili per aiutarti a utilizzare mappe e navigazione durante il viaggio:

1. Scegli la mappa giusta

Assicurati di utilizzare una mappa aggiornata della regione o della città. Puoi optare per una mappa cartacea tradizionale o per un'app sullo smartphone che offre navigazione GPS.

2. Controlla la tua posizione

Verifica sempre dove ti trovi sulla mappa per orientarti. Confronta i punti sulla mappa con ciò che vedi intorno a te per assicurarti di essere sulla strada giusta.

3. Segna punti di riferimento importanti

Cerca punti di riferimento sulla mappa, come edifici caratteristici, piazze o strade principali, che ti aiuteranno a muoverti più facilmente nella zona.

4. Utilizza la navigazione GPS

Se stai usando un'app sullo smartphone o un GPS, assicurati di avere attivato la localizzazione. Questo ti aiuterà a identificare la tua posizione e seguire il percorso.

5. Usa indicazioni passo-passo

Se utilizzi la navigazione GPS, scegli l'opzione delle indicazioni passo-passo, che ti guiderà dal punto A al punto B, fornendo direzioni precise. In alcune aree, il segnale GPS potrebbe essere debole, soprattutto in zone montuose o all'interno di grandi edifici. In questi casi, è utile avere anche una mappa tradizionale come piano di riserva.

6. Chiedi aiuto

Se hai dei dubbi o ti perdi, non esitare a chiedere indicazioni alla gente del posto. Spesso le persone sono disponibili ad aiutare e possono indicarti il percorso migliore.

7. Preparati in anticipo

Prima di partire, controlla il percorso e i luoghi principali che desideri visitare. Impara i nomi delle strade e dei posti per facilitare i tuoi spostamenti.

Trovare i servizi igienici e altri servizi pubblici

Durante il viaggio, che tu sia in una grande città o in una piccola località, è importante sapere dove trovare i servizi igienici e altre strutture pubbliche. Nelle città più grandi e nei luoghi turistici, è facile trovare bagni pubblici nelle stazioni, nei centri commerciali e nei parchi. Se non ci sono bagni pubblici disponibili, puoi usufruire dei servizi in caffè, ristoranti o stazioni di servizio. Ricorda di portare con te scorte personali di carta igienica nel caso in cui non sia disponibile nei bagni pubblici. Evita di soddisfare i tuoi bisogni in luoghi pubblici, rispettando le usanze e le regole locali.

Ecco alcune frasi che ti aiuteranno:

– ¿Dónde está el baño más cercano? – Dov'è il bagno più vicino?

– ¿Hay baños públicos aquí? – Ci sono bagni pubblici qui?

– Disculpe, necesito ir al baño. – Scusi, ho bisogno di andare in bagno.

– ¿Dónde puedo encontrar un baño limpio? – Dove posso trovare un bagno pulito?

– ¿Hay algún baño disponible para los clientes? – C'è un bagno disponibile per i clienti?

– ¿Puede indicarme dónde están los servicios? – Può indicarmi dove sono i servizi igienici?

– ¿Hay baños aquí cerca? – Ci sono bagni qui vicino?

– Perdón, ¿dónde se encuentra el baño para discapacitados? – Scusi, dove si trova il bagno per disabili?

– ¿Dónde puedo lavarme las manos? – Dove posso lavarmi le mani?

– ¿Hay algún lugar para cambiar pañales? – C'è un posto per cambiare i pannolini?

– ¿Cuánto cuesta usar el baño aquí? – Quanto costa usare il bagno qui?

– ¿Tienen papel higiénico en el baño? – C'è carta igienica nel bagno?

Capitolo 6: Acquisti e contrattazione

Durante un viaggio in un paese di lingua spagnola, lo shopping e la contrattazione non sono solo un'importante parte della cultura, ma anche un'ottima occasione per scoprire prodotti locali e tradizioni. In questo capitolo esploreremo frasi e suggerimenti utili su come chiedere informazioni sui prezzi e sulla disponibilità dei prodotti, come negoziare e ottenere informazioni sugli orari di apertura dei negozi e dei mercati. Grazie a queste abilità, i tuoi acquisti diventeranno non solo più piacevoli, ma ti permetteranno anche di comprendere meglio la cultura locale del commercio e della comunicazione. Iniziamo il nostro viaggio nel mondo dello shopping nei paesi di lingua spagnola! *¡Buenas compras!* (*Buoni acquisti!*)

Domande sui prezzi e la disponibilità dei prodotti

Durante un viaggio in un paese di lingua spagnola, potresti voler chiedere informazioni sui prezzi e sulla disponibilità di diversi prodotti.

Ecco alcune frasi utili che ti aiuteranno a chiedere queste informazioni:

– ¿Cuánto cuesta esto? – Quanto costa questo?

– ¿Tienen esto en otros colores/tallas? – Ce l'avete in altri colori/taglie?

– ¿Tienen descuentos especiales? – Avete sconti speciali?

– ¿Cuánto tiempo se tarda en preparar esto? – Quanto tempo ci vuole per prepararlo?

– ¿Tienen este producto en stock? – Avete questo prodotto in magazzino?

– ¿Hay alguna oferta especial? – C'è qualche offerta speciale?

– ¿Aceptan tarjetas de crédito? – Accettate carte di credito?

– ¿Cuál es el precio final? – Qual è il prezzo finale?

– ¿Puedo obtener un descuento si compro más de uno? – Posso ottenere uno sconto se ne compro più di uno?

– ¿Cuál es el precio más bajo que pueden ofrecer? – Qual è il prezzo più basso che potete offrire?

Va notato che le trattative sui prezzi nei negozi non sono così comuni come in altri paesi. Nella maggior parte dei negozi e dei punti vendita, i prezzi sono fissi, ma in alcuni luoghi si può provare a chiedere un'offerta migliore, specialmente se si prevede di fare un acquisto maggiore.

Quando si chiedono informazioni sui prezzi e la disponibilità dei prodotti, è importante parlare chiaramente e usare un tono gentile. In questo modo, dimostrerai rispetto per la cultura locale e avrai maggiori possibilità di ottenere informazioni accurate.

Ricorda che scoprire i prodotti e i prezzi locali può essere un'esperienza affascinante durante il viaggio. Utilizzando queste frasi, potrai conversare liberamente con i venditori locali e scoprire la varietà di offerte che il posto che stai visitando ha da offrire.

Contrattazione e negoziazione dei prezzi

Contrattare e negoziare i prezzi sono spesso pratiche comuni nei mercati locali, nei bazar e in alcuni negozi dei paesi di lingua spagnola. È una parte importante della cultura dello shopping che può offrire grande soddisfazione ai viaggiatori.

Ecco alcuni consigli per aiutarti a negoziare efficacemente il prezzo:

1. Inizia con una proposta

Proponi un prezzo inferiore a quello che sei disposto a pagare. Ricorda che il valore iniziale dovrebbe essere ragionevole, ma lasciare spazio per eventuali concessioni.

2. Sii cortese

Le parole possono diventare accese durante le trattative, ma è importante mantenere cortesia e rispetto. Questo è importante nella cultura dei paesi di lingua spagnola.

3. Impara alcune frasi utili

– ¿Cuál es tu mejor precio? – Qual è il tuo miglior prezzo?

– ¿Me puedes hacer un descuento? – Mi puoi fare uno sconto?

– Es demasiado caro. – È troppo caro.

– ¿Cuál es tu último precio? – Qual è il tuo ultimo prezzo?

4. Sii flessibile

Cerca di negoziare in modo flessibile e aperto ai compromessi. Questo ti aiuterà a trovare una soluzione vantaggiosa per entrambe le parti.

5. Trova un punto d'incontro

Concentrati sul trovare un punto in cui entrambe le parti siano soddisfatte del prezzo finale.

6. Non avere paura di andartene

Se non riesci a raggiungere un accordo sul prezzo, non esitare a ringraziare e andartene. In alcuni casi, questo può spingere il venditore a cambiare idea e accettare un prezzo inferiore.

7. Divertiti nel gioco

Ricorda che contrattare è un po' come un gioco, quindi divertiti e mantieni una mente aperta.

Vale anche la pena ricordare che non tutti i luoghi e le situazioni richiedono una trattativa sul prezzo. In alcuni negozi o mercati i prezzi sono fissi e la contrattazione non è appropriata. È sempre utile osservare il comportamento dei locali e adattare il proprio approccio alla situazione.

Contrattare e negoziare i prezzi possono essere esperienze emozionanti e soddisfacenti durante il viaggio. È anche un'opportunità per conoscere più da vicino la cultura e le tradizioni locali. Ricorda che fare acquisti nei mercati locali non è solo un modo per acquistare souvenir unici, ma anche un'occasione per interagire con i locali e scoprire la bellezza autentica del posto che stai visitando.

Domande sugli orari di apertura dei negozi e del mercato

Quando viaggi in paesi di lingua spagnola, è importante conoscere gli orari di apertura dei negozi, dei mercati e di altri luoghi di commercio. Gli orari possono variare a seconda della regione e del tipo di negozio, quindi vale la pena fare le domande giuste per pianificare al meglio i tuoi acquisti e le tue visite.

Ecco alcune frasi utili e domande sugli orari di apertura:

– ¿A qué hora abren? – A che ora aprite?

– ¿A qué hora cierran? – A che ora chiudete?

– ¿A qué hora abre el mercado? – A che ora apre il mercato?

– ¿A qué hora cierra la tienda de souvenirs? – A che ora chiude il negozio di souvenir?

– ¿Cuál es el horario de apertura? – Qual è l'orario di apertura?

– ¿Cuál es el horario de cierre? – Qual è l'orario di chiusura?

– ¿Está abierto los domingos? – È aperto la domenica?

Ricorda che gli orari di apertura possono variare a seconda del giorno della settimana e delle circostanze, come festività o eventi speciali. Pertanto, è sempre utile verificare le informazioni per essere sicuri che il luogo che desideri visitare sia aperto.

Vale anche la pena prestare attenzione alla tradizione della siesta spagnola, soprattutto in alcune regioni. Spesso, a mezzogiorno, molti negozi, ristoranti e altri luoghi di commercio chiudono per alcune ore per permettere ai dipendenti e ai clienti di riposarsi. Questa è una buona occasione per fare una pausa tu stesso, approfittarne per rilassarti o visitare un mercato locale, noto per i suoi prodotti unici e la sua atmosfera.

Inoltre, se hai bisogno di aiuto per comprendere le risposte alle domande sugli orari di apertura, è utile imparare i numeri di base in spagnolo e i giorni della settimana. Questo faciliterà la comunicazione e la pianificazione durante il tuo viaggio.

Ricorda che flessibilità e disponibilità a modificare i piani sono fondamentali durante i viaggi. A volte i negozi o i mercati possono avere orari di apertura variabili, ma questa flessibilità può portare a scoperte e avventure indimenticabili durante il viaggio. Divertiti e goditi la tua avventura nei paesi di lingua spagnola!

Capitolo 7: Situazioni d'emergenza e aiuto

Durante un viaggio, non importa quanto si sia ben preparati, possono verificarsi situazioni impreviste che richiedono la nostra attenzione e reazione. In questo capitolo ci concentreremo su temi legati alla sicurezza e alla salute durante il viaggio. Imparerai come affrontare situazioni come la perdita di bagagli, come chiedere aiuto in caso di emergenza e come prenderti cura della tua salute in un paese straniero. Scopri frasi e consigli utili che ti aiuteranno a mantenere calma e sicurezza in caso di situazioni inaspettate. *¡Prioriza tu seguridad y bienestar!* (*Prenditi cura della tua sicurezza e del tuo benessere!*)

Segnalare lo smarrimento dei bagagli

Durante un viaggio, purtroppo, può capitare di perdere i bagagli. È importante sapere quali passi intraprendere in queste situazioni e come segnalare efficacemente il problema.

Ecco alcune frasi utili e consigli per segnalare lo smarrimento dei bagagli:

– ¿Dónde puedo reportar un equipaje perdido? – Dove posso segnalare un bagaglio smarrito?

– He perdido mi maleta. – Ho perso la mia valigia.

– ¿Cuál es el procedimiento para reportar un equipaje perdido? – Qual è la procedura per segnalare un bagaglio smarrito?

– Necesito completar un formulario de reclamación. – Ho bisogno di compilare un modulo di reclamo.

– ¿Pueden ayudarme a localizar mi equipaje? – Potete aiutarmi a ritrovare il mio bagaglio?

– ¿Cuánto tiempo suele tomar encontrar el equipaje perdido? – Quanto tempo ci vuole di solito per ritrovare il bagaglio smarrito?

– ¿Dónde y cuándo podré recoger mi equipaje si lo encuentran? – Dove e quando potrò ritirare il mio bagaglio se lo trovano?

In caso di smarrimento del bagaglio, ricorda di contattare immediatamente i servizi competenti e le autorità, come il personale dell'aeroporto. Comunica la situazione e fornisci il maggior numero di dettagli possibile per aiutare a risolvere il problema.

È essenziale mantenere la calma in queste situazioni e fornire tutte le informazioni necessarie affinché la segnalazione venga gestita nel modo più efficiente. Segui le raccomandazioni e le istruzioni del personale e delle autorità.

Tenendo a mente questi suggerimenti, sarai meglio preparato per affrontare eventuali problemi durante il viaggio e sarai in grado di risolvere le situazioni in modo efficace. Ricorda che la sicurezza e l'azione appropriata sono fondamentali durante un viaggio.

Chiamare i soccorsi e contattare i servizi di emergenza locali

Durante il viaggio, sia che ti trovi in città o in campagna, c'è sempre la possibilità che si verifichino situazioni che richiedano l'intervento dei servizi di emergenza locali. In caso di incidente o emergenza, è importante sapere come chiedere aiuto.

Ecco alcune frasi utili e consigli per chiamare i soccorsi e contattare i servizi di emergenza locali:

Chiamare l'ambulanza

– Ha ocurrido un accidente. – Si è verificato un incidente.

– ¿Necesito llamar a una ambulancia? – Devo chiamare un'ambulanza?

– ¡Ayuda! ¡Llamen a un médico! – Aiuto! Chiamate un medico!

– Ha habido un choque en la carretera. – C'è stato un incidente sulla strada.

– ¿Dónde está la estación de policía más cercana? – Dov'è la stazione di polizia più vicina?

– ¿Hay un hospital cercano? – C'è un ospedale vicino?

– ¡Necesito una ambulancia! – Ho bisogno di un'ambulanza!

– ¡Llame al número de emergencia! – Chiamate il numero di emergenza!

– Alguien está herido. – Qualcuno è ferito.

– ¿Dónde puedo encontrar un teléfono para llamar al 112? – Dove posso trovare un telefono per chiamare il 112?

Contattare la polizia

– ¿Dónde está la comisaría de policía más cercana? – Dove si trova la stazione di polizia più vicina?

– ¡Necesito reportar un robo! – Devo segnalare un furto!

– Ha ocurrido un incidente y necesito ayuda de la policía. – Si è verificato un incidente e ho bisogno dell'aiuto della polizia.

– ¿Puede ayudarme a contactar a la policía? – Può aiutarmi a contattare la polizia?

– ¿Cuál es el número de emergencia de la policía local? – Qual è il numero di emergenza della polizia locale?

Chiamare i vigili del fuoco

– ¡Llame a los bomberos! – Chiamate i vigili del fuoco!

– Hay un incendio en el edificio. – C'è un incendio nell'edificio.

– ¿Dónde está el hidrante más cercano? – Dov'è l'idrante più vicino?

– ¡Necesitamos ayuda para apagar el fuego! – Abbiamo bisogno di aiuto per spegnere l'incendio.

– ¿Cuál es el número de emergencia de los bomberos? – Qual è il numero di emergenza dei vigili del fuoco?

Quando si chiamano i soccorsi o si contattano i servizi di emergenza, è fondamentale fornire il maggior numero di dettagli possibile, come l'indirizzo, il tipo di incidente o il numero di persone coinvolte. In situazioni di emergenza, il tempo è essenziale, quindi è consigliabile conoscere in anticipo i numeri di emergenza del paese in cui ti trovi e tenerli sempre a portata di mano durante il viaggio. Agire rapidamente può aiutare te e gli altri in situazioni critiche.

Salute e sicurezza in viaggio

Durante un viaggio, è importante prendersi cura della propria salute e sicurezza per godere appieno dell'esperienza.

Ecco alcuni consigli per mantenerti sano e sicuro durante il viaggio:

1. Preparazione di un kit medico da viaggio

– Porta con te medicinali di base come antidolorifici, farmaci contro la febbre, farmaci per la diarrea, cerotti e disinfettanti.

– Controlla se hai bisogno di vaccini prima di partire per il paese di destinazione e consulta il medico in caso di dubbi.

2. Assicurazione di viaggio

– Sottoscrivi una polizza assicurativa che copra le spese mediche e l'evacuazione sanitaria se necessario.

– Assicurati che la polizza copra tutte le attività che prevedi di svolgere, come sport estremi o immersioni.

3. Rispetto delle norme igieniche

– Lava regolarmente le mani con acqua e sapone, soprattutto prima di mangiare.

– Evita di bere acqua non trattata e utilizza acqua in bottiglia.

4. Sicurezza in strada

– Sii prudente per strada ed evita zone pericolose, specialmente di notte.

– Porta sempre con te una copia dei tuoi documenti di viaggio, lasciando gli originali in un luogo sicuro, come l'hotel.

5. Misure preventive durante il viaggio

– Rimani sui percorsi turistici principali ed evita luoghi sconosciuti o isolati.

– Non lasciare mai i bagagli incustoditi, specialmente in aeroporto o nelle stazioni.

6. Cura della salute mentale

– I viaggi lunghi e i cambiamenti di ambiente possono essere stressanti. Ricorda di riposarti e di prenderti cura della tua salute mentale.

– Trova del tempo per attività rilassanti come la meditazione o la lettura per rilassarti durante il viaggio.

Ricorda che prendersi cura della propria salute e sicurezza può essere fatto in anticipo, pianificando e preparandosi adeguatamente. Conoscere il paese che visiti e seguire alcune semplici misure di sicurezza ti permetterà di goderti il viaggio senza preoccupazioni. Se necessario, rivolgiti ai servizi medici locali o al consolato del tuo paese. Soprattutto, divertiti, scopri nuovi luoghi e culture, mantenendo la tua salute e sicurezza e quella degli altri.

Capitolo 8: Applicazioni e risorse utili

Al giorno d'oggi, viaggiare è diventato più semplice grazie alla tecnologia avanzata. In questo capitolo ci concentreremo su applicazioni e risorse utili che possono aiutarti durante il viaggio in paesi di lingua spagnola. Scoprirai diverse applicazioni per imparare lo spagnolo che ti permetteranno di comunicare e orientarti in un paese straniero. Inoltre, imparerai a conoscere siti web pratici e guide che ti forniranno informazioni preziose sui luoghi da visitare, sulla cultura e sulle tradizioni della regione. Infine, scoprirai dizionari e traduttori offline per il tuo telefono, che saranno un supporto indispensabile in caso di mancanza di accesso a internet. Equipaggiato con questi strumenti, il tuo viaggio diventerà ancora più eccitante e piacevole, permettendoti di scoprire nuovi luoghi e conoscere la comunità locale senza difficoltà linguistiche. *¡Aprovecha al máximo tu viaje! (Sfrutta al massimo il tuo viaggio!)*

Applicazioni per imparare lo spagnolo durante il viaggio

Oggigiorno la tecnologia è un aiuto inestimabile per imparare le lingue straniere, incluso lo spagnolo. Quando pianifichi un viaggio in un paese di lingua spagnola, vale la pena usare diverse applicazioni mobili che ti aiuteranno a imparare rapidamente le basi della lingua e a comunicare con facilità durante il viaggio.

Ecco alcune applicazioni popolari che dovresti considerare:

1. Duolingo

Duolingo è una delle applicazioni più popolari per l'apprendimento delle lingue. Offre molte lezioni interattive che insegnano le basi della grammatica, del vocabolario e della pronuncia in modo divertente ed efficace.

2. Babbel

Babbel è un'altra applicazione popolare che offre corsi di spagnolo a diversi livelli. Puoi imparare attraverso lezioni e dialoghi interattivi.

3. Memrise

Memrise è un'applicazione che si basa sul metodo della ripetizione. Offre una vasta gamma di parole e frasi che possono essere rapidamente memorizzate grazie a un sistema di ripetizione.

4. Rosetta Stone

Rosetta Stone è un'applicazione avanzata per l'apprendimento delle lingue che utilizza la tecnica dell'immersione, permettendoti di acquisire rapidamente scioltezza nella comunicazione.

5. HelloTalk

HelloTalk è un'app unica che ti permette di esercitare la lingua in tempo reale tramite conversazioni con madrelingua. Puoi trovare un interlocutore che vuole imparare la tua lingua mentre tu impari lo spagnolo.

6. Tandem

Tandem è un'altra app per imparare le lingue attraverso conversazioni con madrelingua. Puoi trovare un partner di tandem e scambiare competenze linguistiche.

7. Anki

Anki è un'app per l'apprendimento tramite flashcards. Puoi creare le tue flashcards con vocaboli spagnoli e ripeterle regolarmente.

8. FluentU

FluentU è una piattaforma che utilizza video autentici per insegnare lo spagnolo, come film, programmi televisivi e videoclip musicali.

9. SpanishDict

SpanishDict è un'app ideale per controllare rapidamente traduzioni, grammatica e pronuncia. È perfetta per un aiuto immediato durante il viaggio.

10. SpeakEasy

SpeakEasy è un'app per imparare frasi e espressioni di base che sono essenziali per viaggiare. Con essa, apprenderai velocemente come comunicare in varie situazioni.

Alcune di queste applicazioni sono disponibili gratuitamente, mentre altre richiedono un abbonamento, ma investire nell'apprendimento dello spagnolo per il viaggio vale sicuramente la pena. Scegli quelle che meglio rispondono alle tue esigenze e stile di apprendimento, e sarai pronto a comunicare senza problemi durante la tua avventura all'estero in un contesto di lingua spagnola.

Siti web pratici e guide per i viaggiatori

Nell'era di Internet, viaggiare è diventato molto più facile grazie all'accesso a informazioni pratiche, consigli e guide online. Quando pianifichi un viaggio in un paese di lingua spagnola, è utile consultare vari siti web e guide che ti aiuteranno a pianificare e organizzare il tuo viaggio.

Ecco alcune risorse utili:

1. TripAdvisor (www.tripadvisor.com)

TripAdvisor è uno dei siti più popolari dove i viaggiatori condividono le loro recensioni su hotel, ristoranti, attrazioni turistiche e altri luoghi. Puoi trovare molti consigli utili da altri viaggiatori, inclusi suggerimenti su cosa fare e cosa evitare in ogni destinazione. Offre anche una vasta gamma di articoli e forum di discussione.

2. Booking.com (www.booking.com)

Booking.com è una piattaforma che consente di prenotare alloggi online. Troverai una vasta scelta di hotel, ostelli e appartamenti in diverse destinazioni, con recensioni affidabili degli utenti e opzioni di cancellazione flessibili. Inoltre, offre filtri per affinare la tua ricerca in base alle preferenze personali.

3. Skyscanner (www.skyscanner.net)

Skyscanner è un motore di ricerca per voli che ti permette di confrontare i prezzi dei biglietti aerei e trovare le opzioni più economiche. Oltre ai voli, Skyscanner consente di confrontare i prezzi di hotel e autonoleggi, offrendo un'esperienza completa per pianificare il viaggio.

4. Lonely Planet (www.lonelyplanet.com)

Lonely Planet è una delle guide turistiche più conosciute, che offre informazioni dettagliate su vari paesi e città, inclusi i paesi di lingua spagnola. Oltre alle guide cartacee, il sito fornisce articoli su cultura, cibo e itinerari, offrendo suggerimenti per viaggiare in modo consapevole e autentico.

5. Rough Guides (www.roughguides.com)

Rough Guides è un'altra serie popolare di guide turistiche che fornisce informazioni complete su vari luoghi nel mondo, tra cui la Spagna e altri paesi di lingua spagnola. Le loro guide sono apprezzate per i consigli pratici e dettagliati su come esplorare le destinazioni meno conosciute e alternative.

6. Spain.info (www.spain.info)

Il sito Spain.info è il portale turistico ufficiale della Spagna, dove puoi trovare informazioni sulle principali attrazioni turistiche, eventi culturali e altri aspetti del viaggio in Spagna. Offre anche dettagli utili su trasporti, alloggi e itinerari consigliati per esplorare le diverse regioni spagnole.

7. WordReference (www.wordreference.com)

WordReference è uno dei migliori dizionari e forum linguistici online, dove puoi trovare traduzioni di parole e frasi dallo spagnolo a molte altre lingue. Oltre alle traduzioni, offre coniugazioni di verbi, sinonimi e discussioni nei forum, utili per comprendere meglio le sfumature linguistiche.

8. Wikitravel (www.wikitravel.org)

Wikitravel è un'enciclopedia di viaggio gratuita dove puoi trovare molte informazioni pratiche su diverse destinazioni nel mondo, inclusi paesi e città di lingua spagnola. Gli articoli sono scritti da viaggiatori esperti e includono consigli su come muoversi, cosa visitare e come vivere esperienze autentiche.

9. Spain–Holiday (www.spain–holiday.com)

Se stai pensando di affittare un appartamento o una casa in Spagna, questo sito offre molte opzioni di alloggio in diverse regioni del paese. Spain–Holiday è particolarmente utile per trovare case vacanza, spesso a prezzi più convenienti rispetto agli hotel, ed è ideale per soggiorni più lunghi o per chi viaggia in famiglia.

10. Eat Spain Up! (www.eatspainup.com)

Se sei interessato alla cucina spagnola, questo sito è una miniera di informazioni sui piatti tradizionali, le specialità locali e i migliori posti dove mangiare. Include anche articoli su eventi gastronomici e festival, oltre a consigli su dove trovare le specialità regionali più autentiche.

È utile consultare varie risorse online e guide per ottenere informazioni complete e suggerimenti sul viaggio in paesi di lingua spagnola. Ricorda che ogni viaggiatore ha preferenze e necessità diverse, quindi scegli i siti e le guide che meglio rispondono alle tue aspettative e ai tuoi piani di viaggio.

Dizionari e traduttori offline per il telefono

Quando viaggi in un paese di lingua spagnola, è importante avere accesso a un buon dizionario e traduttore che ti aiuti a comunicare e a comprendere la lingua locale. Oggi, grazie alla tecnologia avanzata, puoi avere questi strumenti sempre a portata di mano, anche senza accesso a internet.

Ecco alcuni dizionari e traduttori offline consigliati per il telefono:

1. Duolingo

Abbiamo già menzionato questa app per l'apprendimento della lingua. Tuttavia, essa offre anche la funzione di dizionario e traduttore offline. Puoi scaricare il pacchetto linguistico appropriato prima del viaggio e avere accesso alle traduzioni senza necessità di connessione a internet.

2. SpanishDict

SpanishDict è una delle migliori app per l'apprendimento dello spagnolo. Puoi scaricare il dizionario offline, che include definizioni, traduzioni, frasi di esempio e molte altre informazioni utili.

3. Google Traduttore

Google Traduttore offre la funzione offline, che ti permette di scaricare pacchetti linguistici e usare le traduzioni senza connessione internet.

4. Dict.cc

Sebbene sia principalmente noto come dizionario tedesco, Dict.cc offre anche traduzioni da e verso lo spagnolo. Puoi scaricare il dizionario offline e accedere alle traduzioni in viaggio.

5. Spanish English Translator

Questa app offre traduzioni dallo spagnolo all'inglese e viceversa. Puoi scaricare il pacchetto offline e usarlo senza internet.

6. Reverso

Reverso è un'app che offre traduzioni, definizioni ed esempi di utilizzo di parole e frasi. Puoi scaricare il dizionario offline e usarlo durante il viaggio.

7. iTranslate

iTranslate è un traduttore avanzato che offre traduzioni da e verso molte lingue, incluso lo spagnolo. Puoi scaricare il dizionario offline e usarlo durante il viaggio.

È una buona idea avere diverse app di dizionari e traduttori installate sul tuo telefono, poiché ognuna offre funzioni diverse e può essere più ricca di vocaboli in determinati contesti. Ricorda di scaricare i pacchetti linguistici appropriati prima del viaggio, in modo da poter utilizzare le traduzioni offline. Grazie a queste app, potrai comunicare liberamente durante il viaggio e orientarti meglio in un ambiente di lingua spagnola. Le app elencate sono disponibili sia per Android che per iOS.

Capitolo 9: Viaggiare con fiducia

Congratulazioni! Sei arrivato alla fine della nostra guida pratica Spagnolo in viaggio. Spero che questo libro ti sia stato utile e ti abbia permesso di comunicare liberamente durante il tuo viaggio in un paese di lingua spagnola.

Nel corso della lettura della guida, hai imparato molte forme di cortesia di base e frasi di saluto, che sono essenziali per stabilire i primi contatti con gli abitanti della Spagna, del Messico, della Colombia o di altri paesi di lingua spagnola. Hai anche imparato a fare domande sul nome, l'origine e lo scopo del viaggio, il che ti ha permesso di avviare conversazioni interessanti e conoscere meglio nuove persone.

Inoltre, hai acquisito la capacità di comprendere semplici risposte alle domande e di formulare brevi discorsi su vari argomenti legati al viaggio. Hai imparato frasi e espressioni pratiche utili per prenotare una camera d'albergo, utilizzare i mezzi di trasporto pubblici o ordinare piatti nei ristoranti.

Grazie a questa guida, hai anche acquisito la conoscenza necessaria per utilizzare mappe e navigazione in luoghi sconosciuti, trovare bagni e altri servizi pubblici, nonché affrontare varie situazioni di emergenza durante il viaggio.

Non dimenticare inoltre delle applicazioni pratiche e dei dizionari offline per il telefono, che ti permetteranno di tradurre e comprendere facilmente la lingua spagnola durante il tuo viaggio.

Spero che le abilità acquisite ti permettano di goderti appieno le avventure di viaggio in un paese di lingua spagnola e di stabilire relazioni interessanti e ispiratrici con gli abitanti locali. Ti auguro un viaggio fantastico e tante esperienze indimenticabili! *¡A disfrutar del viaje! (Godetevi il viaggio!)*